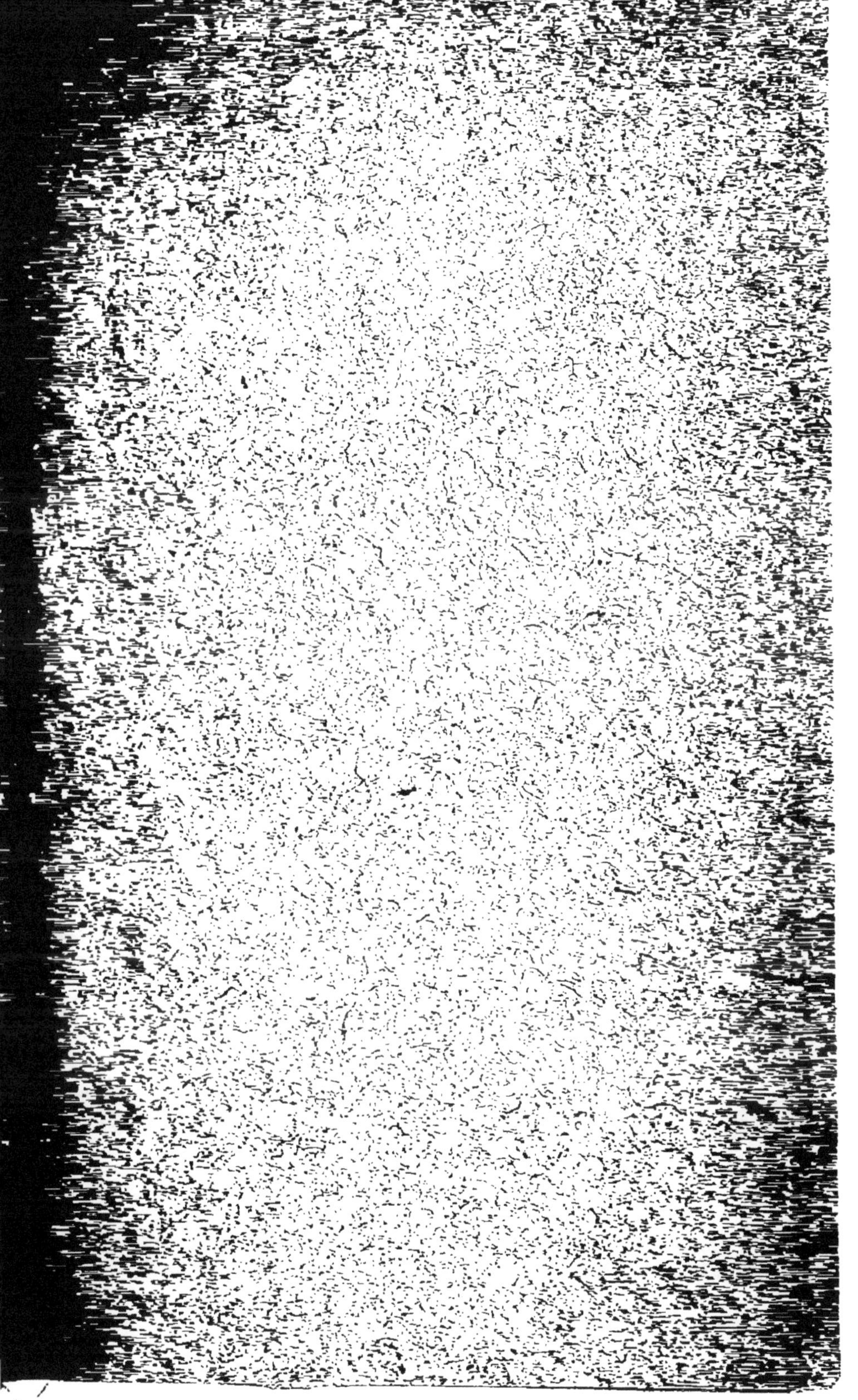

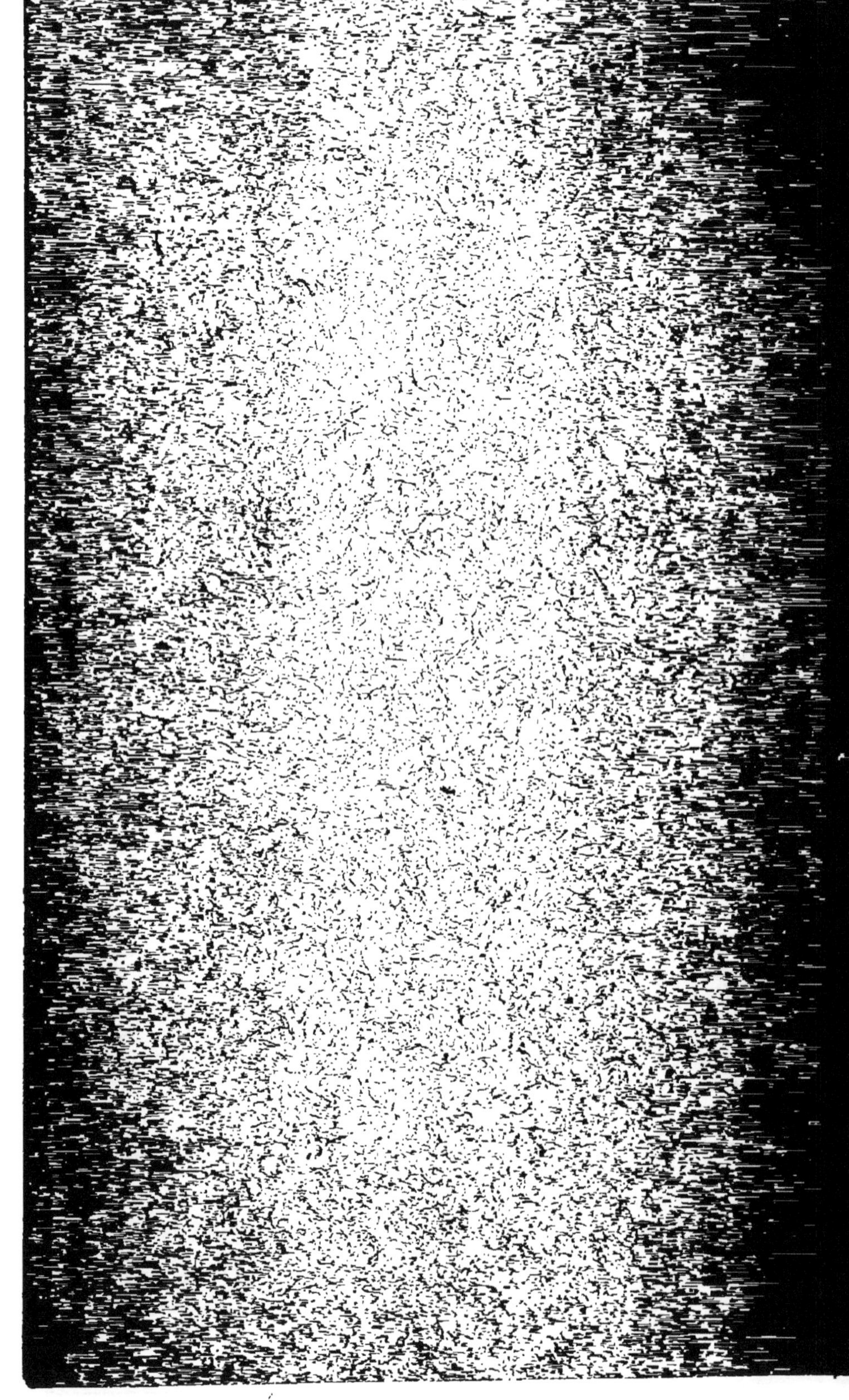

JULIEN LEMER

LES TUILERIES

DESSIN PAR C. FATH

PARIS
GUSTAVE HAVARD, ÉDITEUR
15 RUE GUÉNÉGAUD, 15

1856

PARIS

HISTORIQUE, PITTORESQUE ET ANECDOTIQUE

LES TUILERIES.

PARIS. — TYP. SIMON RAÇON ET COMP., RUE D'ERFURTH, 1.

Le jardin des Tuileries sous Louis XV.

LES

TUILERIES

PAR

JULIEN LEMER

Dessin par C. Fath.

PARIS

GUSTAVE HAVARD, ÉDITEUR

15, RUE GUÉNÉGAUD

1855

LES TUILERIES.

PREMIÈRE PARTIE.

—

Le Palais.

Étrange bizarrerie du sort et de l'histoire! Il semble, en vérité, que les monuments, comme les livres, aient leurs destinées! L'emplacement sur lequel est situé ce château des Tuileries, aujourd'hui réuni au Louvre, de façon à ne former avec lui qu'un seul et même édifice, fut, si l'on en croit les chroniqueurs, choisi par la mère de

François Ier, Louise de Savoie, pour y faire construire son *petit séjour*, sa résidence de santé, en raison même de son éloignement du centre de Paris et du palais des Tournelles, où se tenait la cour, et de la grosse tour du Louvre, qui servit de prison à tant de criminels d'État, et de logis à Charles-Quint lors de son voyage à Paris en 1539.

C'est vers l'an 1518 que la reine mère avisa un beau jour le *grand logis*, situé entre cour et jardin, au lieu appelé les *Sablonnières*, et plus généralement les *thuileries Saint-Honoré*. Séduite par l'isolement de ce site, charmée de l'air excellent qu'on y respirait, la princesse en parla à son fils, qui tout aussitôt s'empressa d'acheter les bâtiments et les terrains au sieur Nicolas de Neuville de Villeroi, chevalier titulaire des finances et audiencier de France.

Mais, après sept ou huit années de résidence, la reine mère en eut assez de so *petit séjour*, et en 1527 la maison des Tuileries fut donnée en usufruit à Jean Tiercelin, maître d'hôtel du Dauphin, et à sa femme. Toutefois la propriété de cette vaste surface ne cessa point d'appartenir au domaine de la couronne, qui s'en trouvait en pleine possession, en 1564, au moment où une autre reine mère, Catherine de Médicis, eut l'idée, après la démolition de son palais des Tournelles, de se faire bâtir, sur l'emplacement du petit séjour de Louise de Savoie, un château digne de son goût fastueux et de son titre de régente du royaume.

A cette époque, la capitale de la France comptait à peu près une population de deux cent mille âmes, renfermée dans une étroite enceinte de murs et entassée dans de petites rues, très-pittoresques sans doute, mais très-malsaines, très-sales et très-mal percées. François Ier et Henri II, sans cesse occupés de ces guerres extérieures, toujours funestes au développement du bien-être et du génie des peuples, avaient beaucoup moins songé à embellir Paris qu'à le fortifier; leurs loisirs n'avaient été employés qu'au profit des châteaux élégants, des domaines magnifiques dont ils avaient doté leurs maîtresses. La ville avait donc besoin d'air et de terrain; les anciennes limites de Philippe-Auguste se trouvaient trop resserrées pour une population qui allait tous les jours s'augmentant; les rues, sombres et étroites, étaient de véritables coupe-gorges que sept ou huit mille voleurs, autant de mendiants, et ces dangereuses troupes de malfaiteurs masqués connus sous le nom de *mauvais garçons*, exploitaient de la façon la plus désastreuse pour la bourgeoisie et souvent aussi pour les gentilshommes. Catherine, habituée d'ailleurs aux splendeurs des palais italiens, à la construction commode des villes transalpines, ne pouvait se trouver à l'aise dans une capitale aussi bornée; elle voulut agrandir Paris, et elle commença naturellement par le côté où elle avait l'intention de bâtir son palais.

On acheta les terrains qui environnaient l'ancien hôtel de Neuville, de manière à avoir un vaste emplacement. On rasa tout ce qui s'y trouvait, et l'on fit commencer la construction du château sous la direction de Philibert Delorme et de Jean Bullant, les deux plus habiles architectes de l'époque. En même temps on planta d'arbres le jardin, qui était loin, on le pense bien, de ressembler à la promenade actuelle, et l'on construisit à l'extrémité un large bastion qui en couvrait presque toute la largeur et allait se joindre au rempart près de la porte Saint-Honoré.

Le premier plan proposé par les architectes était conçu dans des proportions beaucoup plus vastes que le plan qu'on a lopta; mais son exécution aurait nécessité des dépenses énormes, et les deux grands artistes, plus prévoyants, sinon plus véridiques et plus consciencieux, que ne le sont généralement les constructeurs modernes, ne dissimulèrent rien à la reine. Celle-ci fut effrayée par la perspective des sacrifices considérables que son trésor aurait à faire, et réduisit le projet au pavillon du milieu, aux bâtiments latéraux et aux deux pavillons des extrémités. Le pavillon de l'Horloge était dans l'origine surmonté d'un dôme circulaire couvert en ardoise; on y substitua plus tard le toit quadrangulaire qu'on voit aujourd'hui, et qui est, du reste, beaucoup mieux en harmonie avec le reste du château. Les autres corps de logis furent tout d'abord couverts de combles fort élevés. Les rigoristes, en fait de style architectural, ont sévèrement blâmé la forme pyramidale donnée à ces combles, sous prétexte que, le monument étant à peu près grec, le toit aurait dû, pour satisfaire aux lois de l'harmonie, ressembler aussi aux toitures des édifices grecs; mais il est probable, si l'on eût adopté ce système, que les pluies et les brouillards de notre ciel humide, s'écoulant difficilement sur une pente presque insensible, auraient endommagé en peu d'années la charpente et la construction même du palais. Si nous ne pouvons pas avoir d'édifices entièrement grecs et romains, prenons-nous-en moins au goût de nos architectes, copistes toujours si habiles, qu'aux rigueurs de notre climat. Ce serait à nous de savoir nous priver des jouissances que notre ciel semble nous interdire, ou bien de ne nous donner le luxe des architectures méridionales que par le procédé dont nous usons à l'égard des fruits et des fleurs exotiques, c'est-à-dire en serre chaude.

Il y avait sept ans qu'on travaillait à la maçonnerie du château, lorsque Catherine, tourmentée par la prédiction d'un de ses astrologues, qui lui avait annoncé qu'elle mourrait à Saint-Germain, se prit à réfléchir que, le terrain des Tuileries étant situé sur la paroisse de Saint Germain-l'Auxerrois, il pourrait bien y avoir quelque danger pour elle à y fixer sa résidence. Aussitôt elle ordonna la suspension des travaux, qui avaient été poussés avec une grande activité sous la direction de Philibert Delorme et de Jean Bullant. Les palais ne s'élevaient pas alors comme par enchantement, ainsi qu'ils font aujourd'hui; aussi admirait-on qu'en sept années on eût presque achevé la partie extérieure des cinq corps de logis.

Bien des changements ont été faits au château depuis le seizième siècle, et les constructions mêmes qui furent abandonnées en 1571, et dont j'ai vu les dessins, ne rendaient pas encore complétement la pensée des deux architectes, dont le plan avait été profondément modifié par les caprices économiques de la reine. Il est regrettable que cette pensée n'ait pu être exécutée telle qu'elle avait été conçue; peut-être le monument eût-il paru si beau, si homogène dans son ensemble, si harmonieux dans ses détails, qu'on n'eût pas osé le défigurer. Toutefois il paraît certain que chacun des deux maîtres avait tenu à mettre son cachet sur les différentes parties de l'édifice; chacun d'eux avait, pour ainsi dire, son chef-d'œuvre à revendiquer : à Philibert Delorme, le pavillon du milieu, avec sa belle ordonnance de colonnes, ses deux admirables façades et cet escalier prodigieux qui fait encore l'admiration des architectes modernes; à Jean Bullant, les deux autres pavillons, modèles de grâce, de simplicité, de bon goût, où les ordres sont ajustés avec une harmonie de lignes et de proportions aussi rare qu'heureuse.

En même temps que Jean Bullant, Androuet-Du-Cerceau s'occupa aussi de la construction du palais; car on trouve dans ses œuvres un projet beaucoup plus vaste que celui de Philibert Delorme, et qui en diffère essentiellement. Il est toutefois présumable qu'il ne prit une part aux travaux que pendant les dernières années de la vie de Catherine de Médicis.

En 1601, Dupeyrac entreprend la construction du prolongement de la galerie du Louvre, celle du pavillon de Flore et du corps de bâtiment qui le rattache d'une manière assez lourde et peu harmonieuse au palais central de Catherine.

En 1610, Henri IV conçoit le premier la pensée de réunir les Tuileries au Louvre. Son intention était de prolonger la galerie ajoutée au Louvre par Henri II, d'après les dessins de Serlio, jusqu'au delà de la porte dite *porte neuve*, par laquelle il avait fait, le 22 mars 1594, son entrée à Paris, afin, dit Sauval, de posséder une habitation qui aurait été en même temps au dehors et au dedans de la ville. Il aura fallu deux siècles et demi pour que cette pensée s'accomplît, et au milieu de quelles péripéties, après combien de changements d'architectes et de dynasties!

Peu de travaux effectifs furent faits sous le règne de Henri IV; mais Louis XIII leur imprima une salutaire et efficace impulsion; Clément Métezeau, chargé par lui d'exécuter les plans de Dupeyrac pour la réunion des deux palais, s'en occupa avec activité; mais il était loin d'avoir fini, lorsque la régente, Anne d'Autriche, succéda à son mari. La mère de Louis XIV confia à Levau la mission de rendre enfin le palais habitable. L'intention de la reine mère était probablement d'en faire la résidence à Paris du futur roi et de la cour; les événements en ordonnèrent autrement.

Quoi qu'il en soit, Levau se mit à l'œuvre, et ce n'était pas une petite affaire que de coordonner et de mettre en harmonie les ouvrages si divers de tous les architectes qui l'avaient précédé. La plupart des constructions, successivement ajoutées, étaient entièrement dissemblables entre elles, et presque en désaccord avec l'édifice primitif. Levau commença par détruire l'escalier placé au centre du vestibule, morceau d'architecture très-vanté, mais qui avait le défaut de gêner les nouveaux plans de distribution intérieure; il agrandit le dôme, ainsi que tout l'avant-corps, aux dépens des côtés et des deux premières divisions, à droite et à gauche des portiques, au-dessus des terrasses sur la façade du jardin. Du dôme circulaire, il fit un dôme carré, reporta le grand escalier dans l'emplacement de la salle des gardes, à droite de l'entrée, en avant de la chapelle, qu'il mit à la hauteur du premier palier à deux étages. Il fit toutes les distributions intérieures des appartements d'habitation et de réception que les artistes les plus renommés de l'époque furent chargés de décorer. Banel, Bullant, Hyacinthe Rigaud, Noiret de Nancy, Francisque Millet, Nicolas Coypel, Girardon, Berthold Flamel, Louis Lerambert, Cotelle de Meaux et Nicolas Loyr, s'escrimèrent à qui mieux mieux à célébrer dans leurs compositions la gloire du jeune roi qui, le premier, devait habiter le palais, et la grandeur de la reine régente qui les protégeait. Dans presque tous les plafonds, Anne d'Autriche était représentée sous les traits de Minerve, déesse de la Sagesse. La flatterie se montre toujours douée de la même sagacité d'esprit sous tous les régimes et sous toutes les dynasties.

On sait que Louis XIV ne fit pas aux Tuileries de longues ni de fréquentes résidences. Après avoir passé sa jeunesse à Saint-Germain, au Palais-Royal et à Vincennes, il se fit bâtir Versailles, qui devint son séjour favori Néanmoins il voulut donner suite au projet de réunion du Louvre et des Tuileries, conçu par Henri IV. La plus grande partie des propriétés situées entre les deux palais fut achetée, et l'on décida qu'une grande voie serait percée dans l'axe du Louvre pour venir aboutir à un arc de triomphe qui s'élèverait en avant du pavillon central des Tuileries et dissimulerait le manque d'harmonie et de parallélisme des deux édifices. Le modèle en grand de cet arc de triomphe fut exécuté à la barrière du Trône, d'après les dessins de Perrault, ce qui fit, nous dit M. Fontaine, donner à cette rue nouvelle le nom de rue du Trône.

Tous les architectes connus furent mis

en réquisition et proposèrent des plans pour les travaux à exécuter ; mais Levau obtint la préférence, et c'est à lui qu'on doit le pavillon Marsan, situé au nord, la première terrasse de l'aile neuve sur la rue de Rivoli, la salle de spectacle, le grand escalier, et le vestibule du milieu.

Sauf quelques changements de distribution intérieure exécutés par Servandoni, notamment dans la salle de spectacle, dite salle des Machines, et la réparation du pavillon de Flore, incendié en 1787, il ne fut rien fait aux Tuileries sous Louis XV et sous Louis XVI.

Napoléon, en prenant possession du château des Tuileries, voulut en faire une résidence dont la splendeur monumentale répondît à l'éclat et à la magnificence de la cour qu'il allait réunir autour de son trône.
s'occupa surtout de dégager le jardin, allée des Feuillants et le pavillon de Marsan,

en faisant percer la rue de Rivoli. C'est aussi à lui qu'on doit le dégagement de la cour du Carrousel, dite cour d'Honneur, qu'il fit fermer par une grille, et le prolongement de l'aile du nord sur la rue de Rivoli, laquelle s'étendait jusqu'à la hauteur de la rue de Rohan. Des travaux pour la jonction de cette aile avec le Louvre avaient été commencés, et l'on a pu voir jusqu'au moment où l'achèvement des deux palais a été définitivement entrepris, les fragments de murs et les pierres d'attente du pavillon situé sur la place du Musée, dans l'état où ils avaient été laissés en 1812.

Louis XVIII et Charles X se bornèrent à entretenir le palais sans y rien changer, et n'eussent été les traces qu'y laissa le passage du peuple de juillet 1830, Louis-Philippe aurait trouvé le palais à peu près tel que l'avait laissé Napoléon. Frappé de l'insuffisance de ce monument, qui pourtant paraissait si vaste, et des vices de la distribution intérieure, le chef de la branche cadette conçut l'idée, non-seulement de terminer la jonction des deux palais, mais encore de doubler en quelque sorte le château par un bâtiment parallèle et exactement semblable construit sur le jardin, ainsi qu'il a été fait du palais du Luxembourg. C'est à cette construction que devait être consacré l'espace occupé aujourd'hui par les parterres réservés. M. Fontaine n'était probablement pas étranger à ce plan, car il en parle dans son travail sur le palais des Tuileries en termes vraiment paternels. On sait que l'opinion publique se prononça si hautement contre ce projet, qu'il n'y fut donné aucune suite ; on se contenta de séparer les parterres réservés du reste du jardin par une grille et un petit fossé bordé de lilas.

On renonça aussi à un autre plan auquel M. Fontaine paraissait tenir beaucoup, et qui aurait consisté à relier les Tuileries au Palais-Royal en construisant entre les deux palais un vaste bâtiment à galeries et à arcades où l'on aurait placé la salle de l'Opéra.

Aujourd'hui, la réunion des Tuileries et du Louvre est opérée, et l'on peut juger déjà par les constructions faites de l'ensemble du palais définitif et de l'effet général. Malgré les efforts des architectes qui ont présidé à ce travail, il a été impossible d'obtenir une complète homogénéité, une parfaite harmonie de style, et si imposant que paraisse l'édifice, en raison de l'étendue de terrain qu'il occupe, des vastes proportions qu'il affecte, des richesses sculpturales dont il est orné, il n'en reste pas moins un monument hybride, accumulation des architectures et des goûts de tous les temps, où chaque époque a imprimé son cachet d'une façon indélébile.

L'histoire de France aux Tuileries.

Ce château des Tuileries, que tous les hommes de notre génération se sont habitués à considérer comme la résidence en quelque sorte naturelle du pouvoir souverain, fut bien longtemps désert. Grâce au progrès des idées et des lumières qui a fait disparaître des esprits les vieux préjugés fatalistes, les chefs d'État modernes sont inaccessibles à ces gothiques superstitions qu empêchaient Catherine de Médicis d'habiter le Louvre, et Louis XIV de résider à Saint-Germain. Le premier soin de tous les pouvoirs que nous avons vus se succéder en France depuis soixante ans a été de s'installer dans ce palais des Tuileries dont l'histoire est si féconde en sinistres monarchiques, dans ce palais où un seul roi, Louis XVIII, a pu mourir dans son lit, et de quelle mort !

Jusqu'au règne de Louis XVI, le château des Tuileries, depuis théâtre de tant de grands événements, resta presque inoccupé. Cependant il fut, en quelque sorte, inauguré, sous Catherine de Médicis, par une fête que cette princesse y donna le 21 août 1572, c'est-à-dire quatre jours avant le massacre de la Saint-Barthélemy. On peut lire dans les *Mémoires de l'état de la France sous Charles IX* le curieux compte rendu de cette pompeuse solennité, à propos de laquelle les seigneurs huguenots qui y assistaient auraient pu dire dès lors le mot célèbre qui servit à caractériser un bal de la fin de la Restauration : « Ils dansaient sur un volcan ! »

Catherine de Médicis n'habita jamais le palais; son fils Henri III en fit quelquefois une maison de plaisance ; il aimait à aller promener dans le jardin son royal ennui. Ce fut par les Tuileries qu'il s'échappa de Paris le 12 mai 1588, dans cette fameuse journée des *Barricades* où il faillit être fait prisonnier par le duc de Guise. Voici comment le *Journal de l'Étoile* raconte cette fuite :

« ...... Henri III voyant le peuple continuer dans sa furie, et ceux qui étaient auprès de ce prince ayant, sur les cinq heures du soir, reçu avis, par un de ses bons serviteurs qui, déguisé, se coula dans le Louvre, qu'il eût à sortir au plus vite, sinon qu'il était perdu, il sortit du Louvre à pied, tenant une baguette à la main, comme s'allant promener aux Tuileries : il n'était pas encore hors de la porte, lorsqu'un bourgeois l'avertit en diligence de sortir, parce que le duc de Guise, avec douze cents hommes, l'allait venir prendre. Étant arrivé aux Tuileries où était son écurie, il monta à cheval avec ceux de sa suite qui eurent moyen d'y monter : Duhalde le botta, et lui ayant mis son éperon à l'envers : « C'est égal, dit « ce prince, je ne vais pas voir ma maî- « tresse. »

« Entre cinq et six heures, dit Cayet, Henri III sortit de Paris par la porte Neuve; quarante arquebusiers qui étaient placés à un poste prochain, ayant reconnu le roi, osèrent tirer sur lui, et blessèrent quelques personnes de sa suite. »

Telle fut la première évasion royale dont fut témoin le château des Tuileries, triste prélude du 20 juin, du 10 août, du 20 mars, du 29 juillet, du 24 février!

Henri IV, Louis XIII et Louis XIV n'habitèrent les Tuileries que passagèrement. Mademoiselle de Montpensier en fit aussi quelque temps sa résidence favorite. C'est par son ordre qu'avait été dessiné et planté un très-joli parterre qui occupait les terrains sur lesquels se trouvent aujourd'hui une partie de la cour d'honneur, l'aile du nord, la rue de Rivoli et la rue de l'Échelle : on avait surnommé ce jardin d'agrément *jardin de Mademoiselle*. Au jardin, Louis XIV substitua, en 1662, une vaste place sur laquelle il donna, le 5 juin de la même année, cette fameuse fête équestre connue sous le nom de *Carrousel*. C'est de là que la place tira son nom.

A ce Carrousel, il y avait cinq quadrilles représentant cinq nations diverses. Le roi était à la tête des Romains; son frère à la tête des Persans; le prince de Condé commandait les Turcs; le duc d'Enghien, son fils, les Indiens, et le duc de Guise, petit-fils du *Balafré*, représentait le chef des Américains. Le duc de Guise jouissait à ce moment d'une grande célébrité, qu'il devait autant à l'audace malheureuse de son entreprise sur Naples, qu'à sa captivité, à ses amours romanesques, à ses duels, à ses profusions et à ses aventures : c'était, pour employer une expression de notre temps, le *lion* de son époque. Son excentricité attirait tous les regards sur lui ; par la singularité, la bizarrerie de sa vie, de ses mœurs, de ses manières, il semblait appartenir à un monde autre que celui qui l'entourait ; c'est pour cela qu'on l'avait chargé de représenter l'Amérique. Une dame, en le voyant courir avec le grand Condé, s'écria : « Voilà les héros de l'histoire et de la fable. »

La reine mère, la reine régnante, la reine d'Angleterre, veuve de Charles Ier, qui cherchait dans des distractions l'oubli de ses malheurs, assistaient sous un dais à ce spectacle. Le prix fut remporté par le comte de Saulx, fils du duc de Lesdiguières ; il le reçut des mains de la reine mère. Cette fête contribua beaucoup à faire renaître le goût des emblèmes et des devises que les tournois avaient jadis mis à la mode. On dit que ce fut à cette occasion qu'un antiquaire nommé d'Ouvrier imagina, pour Louis XIV, l'emblème du soleil dardant ses rayons sur un globe avec la célèbre devise : *Nec pluribus impar*.

Neuf années après environ, à la fin du carnaval de 1671, une autre fête avait lieu à l'intérieur du palais ; c'était la représentation de *Psyché*, tragédie-ballet, qui avait pour auteurs Molière, le grand Corneille, Quinault et Lulli. La salle dans laquelle se donnait ce spectacle, commencée en 1662, d'après les dessins de Veragani, et connue sous le nom de *salle des Machines*, était la plus vaste de l'Europe ; elle pouvait contenir plus de sept mille spectateurs, et occupait toute la largeur de l'aile septentrionale ; la scène avait quarante et un mètres de profondeur et onze de hauteur ; la salle mesurait trente mètres de profondeur sur seize de hauteur et seize de largeur.

Ce théâtre fut successivement occupé, en

1730, par la troupe de Servandoni, qui y fit représenter, pendant quinze années consécutives, des pantomimes et des féeries à grand spectacle qui attirèrent tout Paris. En 1764, l'Opéra vint y attendre la construction de la salle du Palais-Royal. En 1770, la Comédie-Française y commença un séjour provisoire qui ne dura pas moins de douze ans; elle ne quitta cette salle qu'en 1782, pour aller occuper celle de l'Odéon. C'est là, aux Tuileries, qu'eut lieu, en 1778, cette fameuse représentation d'*Irène*, dans laquelle Voltaire fut couronné en présence de toute la cour. Enfin, en 1789, une troupe italienne venait de s'y installer, lorsque, le 6 octobre, la garde nationale et le peuple de Paris allèrent chercher à Versailles le roi Louis XVI pour l'amener à Paris. Les comédiens durent céder la place à la famille royale, qui allait faire du château des Tuileries sa résidence habituelle.

Louis XV n'avait demeuré aux Tuileries que pendant sa minorité. A cette époque, quelques changements furent faits dans la distribution du château et du jardin. La muraille élevée au couchant fut remplacée par une grille et un pont tournant, et l'on construisit sur l'emplacement des écuries de Catherine de Médicis, à peu près à l'endroit où règne maintenant la terrasse des Feuillants, un vaste bâtiment dans lequel se trouvait comprise l'Académie royale d'équitation, instituée pour les jeunes gentilshommes, qui venaient y prendre aussi des leçons de mathématiques, d'escrime et de danse. C'était ce qu'on appelait la salle du *Manége*, dont le nom revient si souvent dans l'histoire de la Révolution française.

« Je ferai désormais à Paris ma demeure habituelle ! » telles sont les paroles que prononça Louis XVI, le 6 octobre 1789, en venant habiter les Tuileries, paroles qui furent gravées sur la médaille frappée en commémoration de ce grand événement. Cette journée complétait en effet le triomphe du peuple sur la royauté, dont le 14 juillet avait été en quelque sorte le prélude. Paris devenait véritablement la capitale de la France, et le château des Tuileries le centre de Paris, le siége du gouvernement. L'ivresse du peuple ne connut point de bornes; le jardin était encombré toute la journée d'une foule avide de voir le roi ou quelqu'un de sa famille, et chaque fois qu'un des augustes personnages se montrait à une fenêtre, les *vivat* retentissaient de toutes parts. Les Parisiens crurent avoir tout gagné par la présence du roi au milieu d'eux. « Nous ne manquerons plus jamais de pain, disaient-ils, nous avons amené le boulanger, la boulangère et le petit mitron. »

Ce fut le 19 octobre que l'Assemblée constituante vint s'établir à Paris; elle siégea à l'Archevêché, en attendant que la salle du Manége des Tuileries eût été mise en état de servir de local à ses séances. Bientôt monarque et Assemblée furent installés, celui-ci au château, celle-là au Manége, à quelques pas de distance l'un de l'autre.

Le palais des Tuileries devint-il, oui ou non, le foyer d'intrigues politiques et contre-révolutionnaires? le roi fut-il, oui ou non, complice de ces intrigues? L'épisode de l'*armoire de fer* mérite-t-il, oui ou non, toute créance? Il faut lire à ce sujet les historiens des divers partis et ne pas nous demander ce que nous en pensons; ce n'est ici ni le lieu ni le moment de le dire. Ce qu'il y a de certain, c'est que le 28 février 1791 une tentative d'enlèvement du roi eut lieu aux Tuileries par huit cents gentilshommes dévoués qui pénétrèrent dans le château, armés de poignards, sous prétexte de défendre Louis XVI contre des assassins. Cette tentative ne réussit pas, grâce à la surveillance des grenadiers de service, anciens gardes-françaises qui reconnurent parmi les prétendus défenseurs du roi plusieurs de leurs officiers. On donna aux gentilshommes auteurs de cette entreprise le surnom de *chevaliers du poignard*. Moins de quatre mois après, une autre tentative plus sérieuse devait également échouer et amener la fameuse journée du 20 juin.

Avant d'en venir à cet épisode, et pour mettre le lecteur bien à même de comprendre toutes les circonstances des événements qui se passèrent aux Tuileries, il est utile de lui faire connaître les dispositions des abords du château, du côté du Carrousel. La place avait été partagée en plusieurs places, cours et rues. L'espace compris entre la grille actuelle et le château était occupé par trois cours, toutes trois irrégulières et fermées par des constructions : au nord la cour des Suisses ; au milieu, la cour Royale ; au sud, la cour des Princes. »

C'est par la cour Royale que sortit Louis XVI pour aller à Varennes, et c'est sur la place du petit Carrousel qu'il avait donné rendez-vous à sa famille, dans la nuit du 20 au 21 juin 1791.

La fuite du roi devait avoir lieu dans la nuit du 19 au 20 juin ; c'était la date convenue avec Bouillé qui s'était chargé d'envoyer des troupes à chaque relais. Si l'on en croit les mémoires du temps, ce fut une discussion d'étiquette qui fit ajourner le départ de vingt-quatre heures. Le roi voulait avoir dans sa voiture M. d'Agoult, officier en qui il avait une grande confiance ; mais madame de Tourzel, gouvernante des enfants, prétendit avoir le droit d'être admise dans le carrosse royal ; ce triomphe du droit de l'étiquette occasionna un retard, et cette circonstance coûta peut-être la vie au monarque.

Une voiture énorme avait été construite tout exprès pour ce voyage ; elle devait contenir le roi, la reine, les deux enfants, madame Élisabeth et trois autres personnes. MM. Dumoustier, Maldant et Valory, anciens gardes du corps, qui avaient reçu l'ordre de se faire faire des vestes de courriers, devaient la conduire. Le passe-port, daté du 5 juin, ordonnant de laisser passer librement la baronne de Korff, allant à Francfort avec deux enfants, une femme, un valet de chambre et trois domestiques, avait été signé par M. de Montmorin, ministre, le même qui, écrivant, le 31 mai, à l'Assemblée, pour démentir un article du *Moniteur* et se plaindre de ce qu'on cherchait à jeter les défiances les plus injustes sur le roi, *en lui prêtant le plus absurde projet d'évasion*, terminait ainsi sa lettre : « J'atteste donc, sur ma responsabilité, sur mon honneur, que le projet insensé qu'on ne rougit pas de prêter au roi dans cet article n'a jamais existé. Sa Majesté m'a non-seulement permis, mais ordonné de vous envoyer cette lettre. »

Malgré les avis nombreux qui annonçaient à Lafayette et à Gouvion, son major, le projet de fuite, le plan concerté put s'exécuter en partie. Pendant que, d'un côté, le comte de Provence et sa femme s'échappaient du Luxembourg pour se rendre à Bruxelles, le roi, la reine, madame Élisabeth et les enfants sortirent des Tuileries par l'appartement de M. de Villequier, sur lequel on n'exerçait presque aucune surveillance; ils se rendirent au coin de la rue de l'Échelle, où M. de Fersen les attendait avec un fiacre. On dit qu'en passant sous le guichet du Louvre la reine et madame Élisabeth se croisèrent avec Lafayette, qui ne les aperçut point. Tous arrivèrent successivement jusqu'au fiacre; ils y montèrent, et Fersen les conduisit, après de longs détours, au delà de la barrière Saint-

Martin, où ils trouvèrent les carrosses préparés pour le voyage.

On sait quel furent les résultats de cette tentative et la stupeur de Paris et de l'Assemblée le lendemain, et l'arrestation à Varennes, et la rentrée aux Tuileries, où le roi fut constitué prisonnier.

Devons-nous essayer de raconter la journée du 20 juin 1792, journée qui appartient autant et plus à l'histoire de France qu'à l'histoire du château des Tuileries? Ne vaut-il pas mieux renvoyer le lecteur au magnifique récit placé par M. de Lamartine dans son *Histoire des Girondins ?* Nous nous bornerons à faire une seule réflexion. Pour la première fois, le 20 juin 1792, le peuple entrait aux Tuileries, il y venait menaçant et armé, conduit par des hommes hostiles à la monarchie et résolus à ne reculer devant aucune violence. Il y trouva la royauté calme et courageuse, quoique entourée d'un bien petit nombre de défenseurs, et il se borna à essayer, à constater sa force en faisant crier au roi : « Vive la nation! » en lui faisant coiffer le bonnet rouge et en lui donnant à boire à même le goulot d'une bouteille. Le roi avait répondu avec présence d'esprit aux provocations de Legendre. Sa dignité, sa faiblesse, la modération de son entourage, tout servit à contenir les milliers d'hommes qui traversèrent presque tous les appartements du palais. Pourquoi Louis XVI se jeta-t-il tout ému quelques heures après dans les bras des gardes qui étaient restés auprès de lui, en leur disant : « Mes amis, je vous dois la vie! » Si Louis XVI dut son salut à quelqu'un dans cette journée, ce fut à lui-même, au courage et à l'esprit dont il fit preuve.

Cinquante jours plus tard, le peuple reprenait le chemin des Tuileries ; mais, cette fois, le roi n'était plus surpris à l'improviste et il se préparait à le recevoir ou plutôt à le faire recevoir par ses troupes. Le 10 août est encore une de ces journées historiques qui font époque dans nos annales et dont le récit appartient à la grande histoire générale de notre pays. Le 10 août, tout avait été préparé à l'avance pour l'attaque comme pour la résistance ; seulement la cour avait compté que la résistance aurait lieu non-seulement au château, mais encore à l'Hôtel de Ville, sur le pont Neuf et sur le pont Royal ; elle avait compté sans le mécontentement de la garde nationale, sans la défection de plusieurs bataillons et surtout sans la mort du marquis de Mandat, qui avait organisé tout le plan de combat. Ce jour-là, Louis XVI ne fut pas aussi bien inspiré que le 20 juin ; il quitta le château et se retira à l'Assemblée nationale, qui siégeait dans la salle du Manége, située sur l'emplacement où se trouve aujourd'hui la rue de Rivoli.

L'attaque commença : les Marseillais et les Bretons pénétrèrent facilement dans les cours ; mais aussitôt des batteries se démasquèrent, et ils furent décimés par la mitraille. Alors la fureur populaire ne connut plus de bornes, et, après un combat acharné, les masses entrèrent dans le palais et se répandirent dans les appartements, où tout ce qu'on rencontra, soldats, officiers, gens de service, fut égorgé sans pitié. On compta dans cette matinée plus de trois mille tués ou blessés, tant du côté du peuple que du côté des défenseurs du château ; les meubles furent détruits, mais il n'y eut pas de pillage, et les voleurs furent impitoyablement fusillés. Malgré la colère et l'ivresse du sang qui lui montait au cerveau, le peuple, au milieu de ce carnage, donna quelques exemples (trop rares, hélas !) de modération ; on connaît l'anecdote de Lemonnier, médecin du roi, qui fut conduit sain et sauf au Luxembourg.

Nous n'avons pas à nous occuper des événements qui furent la conséquence du 10 août. Pour ce qui concerne le château des Tuileries, on sait qu'il devint, au 10 mai 1793, le siége de la Convention nationale. L'emplacement de la salle des machines fut désigné pour la construction d'une salle des séances improvisée. C'était un parallélogramme étroit qui « ressemblait, dit Prudhomme, non au sanctuaire des lois, à l'aréopage de la République, mais à une vaste école de droit à l'usage de quelques juristes. » L'ancienne chapelle, transformée en temple de la Liberté, servait de passage entre la salle des séances et les bureaux. Les divers services administratifs s'étaient établis dans les autres parties du palais. Le château des Tuileries, siége de la Convention et du gouvernement, fut donc, pendant l'ère révolutionnaire, le théâtre des plus terribles journées de cette époque, journées dont les pages représentent autant de pages glorieuses ou néfastes de nos annales : le 31 mai, le 9 thermidor, le 12 germinal, le 12 prairial, le 13 vendémiaire, jour où la Convention et la République furent si énergiquement défendues contre la révolte des sections réactionnaires.

La Convention, ayant achevé son temps, fut remplacée dans la grande salle des Tuileries par le conseil des Anciens ; le conseil des Cinq-Cents siégeait dans le Manége. Les choses restèrent ainsi jusqu'au 18 brumaire. Fermé pendant quelques mois, le palais fut de nouveau habité en 1800 ; le 19 février, Bonaparte, premier consul, vint s'y installer avec Lebrun, qui occupa le pavillon de Flore. Le conseil d'État siégea dans une partie de la grande galerie, à côté de l'appartement du premier consul ; Cambacérès se logea dans l'hôtel d'Elbeuf, situé sur la place du Carrousel. A cette époque disparurent le manége et la cour du Dauphin, qui firent place à la rue de Rivoli ; on effaça les traces des boulets du 10 août et les légendes révolutionnaires inscrites sur les portes du château ; on détruisit la salle de la Convention ; on abattit les bâtiments de la cour des Suisses, de la cour Royale et de la cour des Princes, pour ouvrir une seule et vaste cour qui servit de champ de manœuvres militaires. La cour du Carrousel, encore encombrée de constructions, fut bientôt déblayée et agrandie ; l'explosion de la machine infernale de la rue Saint-Nicaise commença ce déblaiement, qui se compléta d'année en année. En 1806, l'espace libre situé en avant de la façade orientale du château était assez vaste pour pouvoir être coupé en deux par une longue grille qui isola complétement le palais. En même temps on éleva à la gloire de l'armée française un arc de triomphe, construit sur les dessins de MM. Percier et Fontaine, dans l'axe même du pavillon de l'Horloge, et l'on perça entre cet arc de triomphe et le Louvre une grande rue directe, qui servit de point de départ à la réunion des deux palais.

A cette époque, les Tuileries étaient redevenues non-seulement le siége du gouvernement, mais encore le quartier général d'une cour toute nouvelle, peuplée de gentilshommes et de courtisans de fraîche date, de ducs, de princes, de souverains. On y pouvait voir les éléments de ce parterre de rois, devant lequel Talma et Mlle Mars ont joué plusieurs fois. Que d'uniformes, que de manteaux de cour, que de fêtes! Les fêtes du mariage de Napoléon avec Marie-Louise et celles de la naissance du roi de Rome eurent surtout un magnifique éclat. Les contemporains parlent encore aujourd'hui de l'illumination du jardin, qui reste une des plus mémorables, même depuis celles que nous avons vues récemment.

Mais voici 1814 ; les Tuileries changent de maîtres ou plutôt de locataires. Quelques-uns même de ceux qui habitent ou hantent le château ne se donnent pas la peine de changer de visage, ils se bornent à changer de costume, à substituer à l'aigle la fleur de lis sur les boutons de leur habit, sauf à substituer aux fleurs de lis tout ce que les circonstances pourront exiger. Il y a tel serviteur, entré aux Tuileries de 1810 à 1814, qui y est encore aujourd'hui et n'en a point bougé depuis quarante-cinq ans, grâce à ces changements de boutons, opérés avec opportunité.

Le 29 janvier de cette année 1814, Napoléon fait ses adieux à la garde nationale de Paris dans la cour des Tuileries et confie à la milice civique sa femme et son fils, dont la diplomatie devait disposer, on sait comment. Deux mois après, jour pour jour, l'impératrice et le roi de Rome quittent les Tuileries, et, le 3 mai, le roi Louis XVIII fait son entrée dans ce palais, où il établit sa première résidence... provisoire. Cette résidence dura tout juste dix mois et demi, jusqu'au 19 mars 1815.

Napoléon, rentré le 20 mars au château, le quitte le 12 juin, pour aller se mettre à la tête de l'armée à Waterloo. Le 23 du même mois, le gouvernement provisoire s'y établit sous la présidence de Fouché; enfin, le 8 juillet, Louis XVIII revient prendre possession du palais, pour y régner neuf ans et y mourir.

Charles X, qui y régna six ans, ne fit guère plus de changements que son frère, soit à l'architecture, soit aux aménagements intérieurs de l'édifice. Comme s'il n'eût considéré son établissement que comme provisoire, il maintint le corridor en charpente légère, couvert d'une tente que Louis XVIII avait fait faire sur la terrasse du jardin pour pouvoir aller de plain-pied et sans fatiguer ses jambes impotentes des appartements à la chapelle et à la salle de spectacle.

Le 29 juillet 1830, après un siége qui dura cinq ou six heures, le peuple s'empara du château et y entra en vainqueur. C'est dans ce siége que fut tué Georges Farcy, jeune homme distingué, dont le tombeau se voyait encore naguère sur la place du Carrousel, adossé à cette grande maison isolée appelée *hôtel de Nantes*, qui fut démolie la dernière, lorsque la réunion du Louvre et des Tuileries fut irrévocablement décidée. Le château et le jardin des Tuileries furent pendant quelques jours, ainsi que les autres palais, confiés à la garde des citoyens qui s'en étaient emparés. « Il faut avoir vu, dit Chateaubriand dans ses *Mémoires d'Outre-Tombe*, des ouvriers demi-nus, placés en faction à la porte des jardins publics, empêcher, selon leur consigne, d'autres ouvriers déguenillés de passer, pour se faire une idée de cette puissance du devoir qui s'était emparée des hommes demeurés les maîtres. »

Pendant quatorze mois et demi, les Tuileries restèrent inhabitées. Louis-Philippe, devenu roi des Français, semblait redouter la fatalité qui avait atteint tous les précédents hôtes du palais gouvernemental. Ce ne fut que le 16 octobre 1831 qu'il se décida à s'y établir, après avoir fait approprier les aménagements intérieurs aux nécessités de la résidence de sa nombreuse famille.

Dans ce château des Tuileries vécut pendant plus de seize années cette famille qui a laissé d'impérissables souvenirs. Trois fois elle y fut éprouvée par de terribles catastrophes; elle y porta le deuil de trois de ses membres, le duc d'Orléans, la princesse Marie, grande artiste et noble cœur, la sœur du roi, madame Adélaïde, jusqu'au jour où le reflux de la Révolution la rejeta du palais où le flux l'avait apportée. Le 24 février 1848, les fils du peuple de 1830, les petits-fils du peuple du 10 août entrèrent aux Tuileries par le Carrousel, au moment où le roi en sortait par le jardin.

Des scènes analogues à celles de 1830 se passèrent dans l'intérieur. Toutefois, on crut un instant avoir à craindre pour la conservation du monument, et, pour le sauver de toute mutilation, on eut l'idée de le consacrer à un *hospice des invalides civils*. Le bruit se répandit dans Paris qu'une véritable armée d'occupation s'était emparée du château et menaçait la tranquillité publique. Trois cents hommes armés y avaient en effet établi leur résidence; mais, loin de refuser d'en sortir, ils demandaient qu'un pouvoir régulier les déchargeât du dépôt dont ils avaient pris la garde; ils défilèrent en bon ordre devant l'état-major de la garde nationale qui s'installa à leur place.

L'état-major de la garde nationale occupa à peu près seul les Tuileries pendant environ quatre années. En 1849, on fit dans les grandes salles l'exposition de peinture; mais de nombreuses réclamations s'élevèrent contre le choix de ces salons mal éclairés et distribués d'une façon peu commode pour la circulation d'un nombreux public. Un instant il fut question d'y transporter la bibliothèque de la rue Richelieu, mais le château était destiné à redevenir encore le théâtre des pompes officielles et des splendeurs gouvernementales...

Le 25 janvier 1852, le président de la République inaugura le palais par un bal donné dans la salle des Maréchaux; deux mois plus tard, le 29 mars, il y fit l'ouverture de la session du Sénat et du Corps législatif; enfin, au mois de mai, à l'occasion de la distribution des aigles, il y donna une grande fête dans cette jolie salle de spectacle qui a été témoin du couronnement de Voltaire et de la première représentation du *Barbier de Séville* de Beaumarchais.

Depuis, les fêtes de la cour se sont renouvelées et multipliées au château des Tuileries, devenu non-seulement la résidence du chef de l'État, mais encore le centre gouvernemental du ministère le plus important, et destiné à être bientôt sans doute, par suite de la jonction avec le Louvre, le quartier général de tous les grands corps de l'État. Alors, plus que jamais, on pourra dire que le palais des Tuileries est la maison où se fait l'histoire de France.

DEUXIÈME PARTIE.

Le Jardin.

Vous est-il arrivé d'aller, pendant les rares beaux jours de l'hiver, chercher le soleil de midi dans cet hémicycle placé au bas de la terrasse des Feuillants, au nord du grand bassin, dans cette allée courbe qu'on appelle la *petite Provence?* Vous êtes-vous arrêté autour d'un des bassins à l'heure où des Anglais charitables distribuent des comestibles aux cygnes? Avez-vous flâné dans les environs des provinciaux qui admirent les bateaux en miniature lancés à toutes voiles sur la pièce d'eau qui occupe le milieu du jardin? Vous êtes-vous pris à vous amuser de la familiarité des pierrots et des pigeons qui viennent le long des grilles du parterre manger presque dans la main de pauvres diables souvent heureux de partager avec eux un petit pain assez sec, qui n'est la plupart du temps, hélas! assaisonné que d'un bon appétit? Avez-vous circulé sous les massifs à l'heure où les promeneurs d'été vont y chercher l'ombre et la fraîcheur? Vous êtes-vous assis, dans les belles soirées d'automne, au pied des caisses d'oranger de la grande allée des tilleuls? Avez-vous rôdé le long des balustrades des parterres, en respirant les délicieuses senteurs qu'exhalent les chevrefeuilles et les rosiers? Avez-vous enfin traversé le jardin des Tuileries à une heure quelconque de la journée, depuis le moment de l'ouverture des grilles jusqu'au dernier roulement de la retraite? A quelque instant que vous vous y soyez arrêté, vous avez dû le rencontrer, celui qui s'appelle le vieux génie des Tuileries, celui qui semble le faune caduc de ce bois factice, de cette forêt si bien peignée, si soigneusement balayée, pour laquelle l'art paraît avoir fait beaucoup plus que la nature.

Il n'est pas difficile à reconnaître ce vieillard à la tête blanchie, mais encore si touffue, que de loin on ne saurait dire si elle est couverte des neiges de la vieillesse ou de celles de la poudre à la maréchale. Son visage, dont les traits sont un peu forts et vigoureusement accusés, se distingue par une rare finesse d'expression qu'accentue de la façon la plus étrange un signe assez gros placé sur l'aile droite du nez ; cet appendice, bizarrement situé, suit tous les mouvements de la physionomie ; il pourrait en quelque sorte servir de thermomètre des impressions de la pensée ou de l'âme, dont il traduit la vivacité et l'énergie par un léger gonflement qui fait se hérisser au sommet un petit bouquet de poils blancs et fins. Une bouche dédaigneuse dont la lèvre inférieure, assez épaisse, rappelle la lèvre autrichienne de la reine Marie-Antoinette; des yeux petits, mais régulièrement fendus et brillants, lumineux comme des yeux de trente ans; un nez long et épais; un front d'un contour très-pur et digne de surmonter un visage d'une beauté complète et régulière; une taille qui paraît moyenne aujourd'hui, mais qui a dû être noble et élevée avant de s'affaisser sous le poids des années; une toilette de jeune homme, élégante et même recherchée, qui fait un contraste singulier avec l'âge et les allures du personnage, tel est ce promeneur que vous rencontrerez à toute heure et partout dans le jardin des Tuileries, lisant, observant où rêvant, cheminant à pas lents ou stationnant auprès des groupes, mais toujours invariablement seul, même au milieu des foules les plus compactes, à moins que quelque indiscret comme moi n'ait trouvé moyen, à force d'importunités, de le faire renoncer pour quelques instants à ses chères habitudes d'isolement et de silence.

Je l'avais remarqué bien souvent, à une époque surtout où je traversais le jardin des Tuileries trois et quatre fois par jour; à différentes reprises, j'avais essayé vainement d'entamer avec lui une conversation qui me paraissait devoir être intéressante, je ne sais trop pourquoi. Je n'aime point, en général, à causer avec les gens que je ne connais pas, mais je me sentais attiré vers ce vieillard par une sorte d'attraction irrésistible. Tant de promeneurs solitaires sont prêts à se jeter à la tête du premier interlocuteur venu! Comme par un fait exprès, celui-là ne répondait que par un « Oui, monsieur, » ou par un « Non, monsieur, » très-secs à toutes les avances; je dois convenir aussi que, en raison du manque d'habitude, mes avances étaient sans doute faites d'une façon trop timide ou maladroite; c'était ou une demande de renseignements sur des travaux entrepris dans le jardin, où quelque autre banalité du même genre. Mon homme restait pour moi une énigme vivante.

Enfin, un jour de l'été dernier, je m'enhardis. C'était le lendemain d'un violent orage, pendant lequel la foudre était, disait-on, tombée sur un grand marronnier et l'avait brisé. Le promeneur était auprès d'un groupe qui entourait les hommes occupés à relever, à scier et à convertir en fagots les débris de l'arbre foudroyé. Je m'approchai de lui et je lui demandai d'un ton assez délibéré :

— Est-il vrai, monsieur, que cet arbre a été cassé par le tonnerre?

— On le dit, monsieur, me répondit-il sèchement.

— Ah! repris-je, qui peut mieux le savoir que vous? vous deviez être là quand la chose est arrivée.

Il me regarda d'un air surpris, et, se mettant à rire avec une singulière expression :

— Ah çà! me dit-il, vous moquez-vous de moi? Ne savez-vous donc pas qu'il pleuvait à torrents dans ce moment-là? Je trouve la plaisanterie de mauvais goût, jeune homme!

Il appelle tout le monde ainsi. Je l'ai entendu appeler jeune homme un de ses amis, ancien officier invalide qui a soixante-dix-neuf ans.

— Dame! j'ai cru que vous ne quittiez jamais le jardin, répliquai-je en souriant.

— Voilà encore une plaisanterie, dit le vieillard, pour laquelle vous mériteriez que je ne vous répondisse plus un mot, ainsi que je fais tous les jours à l'égard de beaucoup de curieux ; mais vous me trouvez en un bon moment ; la fracture de cet arbre a réveillé en moi une foule de souvenirs, et je me sens en veine d'expansion.

— Pardonnez-moi, repris-je un peu confus, et permettez-moi de vous témoigner toute ma reconnaissance de l'exception que vous allez faire en ma faveur.

— Je vois bien à votre air, jeune homme, que vous vous croyez sur le point d'entendre des aventures piquantes, romanesques, pleines d'intérêt ; un vieillard de près de cent ans, qui paraît passer sa vie à se promener et à observer, doit avoir vu tant de choses, n'est-ce pas ? Il a traversé le dix-huitième siècle, y a vécu la meilleure, c'est-à-dire la plus jeune partie de sa vie ; il doit avoir eu de l'esprit, en avoir conservé peut-être ; prenez-y garde, vous vous préparez une grande déception. Le vieux compagnon n'est pas ce que vous croyez; il a vu Voltaire, il a vu Piron, il a vu Jean-Jacques, mais il ne fut ni un philosophe, ni un homme d'esprit: il a été un homme sensible, et voilà tout, comme aurait dit M. de Marmontel; il a été toute sa vie et il restera encore jusqu'à son dernier jour l'habitué des Tuileries. Ce titre est pour lui une sorte d'héritage de famille.

— Comment cela? interrompis-je.

— Oh! c'est une histoire qui remonte bien haut, puisqu'elle a commencé au temps où le jardin des Tuileries n'était encore qu'une garenne, au temps où l'on y pêchait des poissons qui n'étaient pas rouges, où l'on y voyait une ménagerie d'animaux féroces, autres que les lions qui ont succédé aux dandys, aux fashionnables, aux muguets, aux incroyables, aux roués, etc., etc. Oui, jeune homme, tel que vous me voyez, j'ai eu un bisaïeul qui a laissé un de ses bras dans la gueule d'un tigre royal, contemporain du grand Corneille et du cardinal de Richelieu, l'auteur de la comédie des *Thuileries*, un bisaïeul qui était déjà un habitué des bosquets situés à cette même place, à l'époque où s'y promenaient Clarice et Lucrèce, Dorante et Cliton, les héros du *Menteur* de Corneille. Que de fois la vieille grand'mère qui a élevé mon enfance ne m'a-t-elle pas raconté cet accident, qu'elle tenait de son père lui-même, qui en avait été victime! Malgré la gravité de la blessure, mon bisaïeul y survécut, et, tout manchot qu'il était, il ne laissa pas que d'inquiéter le Mazarin pendant les assemblées que tint la Fronde dans les petites maisons construites sur les terrains mêmes du jardin par les ordres de Louis XIII pour servir de logement à ses favoris. C'étaient ces assemblées que le rusé cardinal italien désignait sous le nom de sabbats. Louis XIII avait fait murer le jardin, construire un bastion et creuser un fossé du côté de la porte de la Conférence, pour isoler en quelque sorte le petit quartier réservé qu'il avait établi là. Il paraît que Poussin, l'illustre maître de la peinture française, demeura quelque temps dans une de ces maisons, et voici ce qu'il en disait : « Je fus conduit le soir dans l'appartement qui m'avait été destiné : c'est un petit palais, car il faut l'appeler ainsi. Il est situé au milieu du jardin des Tuileries. Il y a en outre un beau jardin rempli d'arbres à fruits, avec une quantité de fleurs, d'herbes et de légumes... J'ai des points de vue de tous les côtés, et je crois que c'est un paradis pendant l'été... »

On comprend que je fus affriandé par ce début, et que je poussai vivement mon vieil interlocuteur dans la voie des confidences et des souvenirs historiques. J'entrevoyais déjà, un peu vaguement il est vrai, dans les récits du bonhomme tout un roman, le roman des galanteries passées et présentes de ce jardin d'amour, comme l'appelle spirituellement mon ami Alphonse Toussenel. Malheureusement, j'avais connu trop tard le vieux génie; ses idées manquaient de suite, et ce fut difficilement que je réussis à lier ensemble les bribes décousues de ses conversations.

— Que de choses se sont passées ici! me disait-il un jour qu'il était en verve, — hélas! ses accès de verve ne duraient que peu d'instants! — que de choses depuis le jour où Louise de Savoie avisa le *grand logis*, sis entre cour et jardin, au lieu dit la *Sablonnière*, ou plus généralement les *thuileries Saint-Honoré*, et jugea l'endroit convenable pour s'y faire un *petit séjour*, où elle pourrait, loin des yeux du roi François Ier, son fils, et des tracasseries de la cour du palais des Tournelles, fêter librement l'été de la Saint-Martin de sa vie!

Avez-vous remarqué, jeune homme, que ce jardin est surtout un jardin d'automne? Les fleurs de septembre et d'octobre y paraissent plus belles et plus balsamiques que les fleurs de mai ; malgré la précocité traditionnelle de l'arbre du 20 mars et la splendeur des aigrettes blanches qui couronnent au mois de juin les marronniers en fleurs, les massifs sont bien plus riches de nuances aux pâles rayons du soleil d'équinoxe qu'à l'éclat brûlant de la lumière du solstice d'été; il semble aussi que ce jardin soit particulièrement cher et favorable à la femme qui, en possession de la maturité de son esprit, de son cœur et de sa beauté, aime, comme la reine Louise de Savoie, dont je vous parlais tout à l'heure, à y voir s'épanouir et s'effeuiller les roses encore si parfumées de son été de la Saint-Martin. Vous vous étonnez de voir un patriarche comme moi employer des images qui ne sont ni de son temps ni de son âge; mais, que voulez-vous ? j'ai par moments des velléités de rajeunissement incroyables ; il me semble que je n'ai que vingt ans, et, bien mieux, que j'ai eu vingt ans vingt fois dans ma vie ! Tenez, si je pouvais retrouver assez de présence d'esprit, ou plutôt assez de persévérance d'esprit pour écrire ou pour dicter mes mémoires, c'est-à-dire les mémoires de ce jardin, je crois qu'ils auraient tout ce qu'il faut pour lutter d'intérêt avec ceux de M. Alexandre Dumas et de madame Sand, avec ceux de M. le docteur Véron lui-même, car, n'en doutez pas, les allées et les massifs des Tuileries n'ont pas été le théâtre de moins d'aventures que les coulisses de l'Opéra !

— Comme tout bon faiseur de mémoires, vous remonteriez à votre bisaïeul, à son bras mangé, et à l'histoire de la Fronde?

— Je pourrais même aller plus loin, et

rappeler des souvenirs de famille contemporains de Catherine de Médicis. Mais à quoi bon? Je n'aurais pas besoin, pour intéresser mes lecteurs, de retracer les époques que je ne connais que par tradition, ni le temps où le jardin, séparé du château par une rue, était entouré d'une forte muraille, d'un fossé et d'un bastion qui semblaient protéger les mystérieuses aventures dont les petites maisons et les bosquets situés entre la garenne et la ménagerie, l'orangerie et l'étang, devaient être le théâtre; ni les entrevues tant galantes que politiques auxquelles la Fronde servit de prétexte, et dont le suisse de la porte de la conférence fut l'indiscret confident; ni les médianoches, qui commençaient dans les appartements de madame de Soissons pour aller s'achever au milieu des chansons grivoises et des éclats de rire ébriolants sous les charmilles du petit bois; ni même non plus les rencontres plus décentes et plus régulières qui avaient lieu entre les allées d'ifs dont le compas de Lenôtre avait tracé le dessin avec une désespérante symétrie. Si je revenais à ces époques primitives, il me faudrait refaire les mémoires de ma grand'mère, raconter une à une les histoires qui se rapportent au placement de chacun des vieux groupes contemporains de Louis XIV; et le Nil et le Tibre, puis la Seine et la Marne de Coustou, et la Loire et le Loiret, de Vanclève. C'est le jour où l'on découvrit ce dernier groupe, en ... Ma foi, je ne me rappelle plus l'année. Essayez donc d'écrire des mémoires avec de pareilles lacunes dans les souvenirs! Enfin, c'est ce jour-là que mon aïeule rencontra pour la première fois, au milieu du populaire nombreux empressé autour du nouveau marbre, l'homme aimable qui devait être mon grand-père. Je vous l'ai dit, ce jardin est peuplé des ombres de ma famille; parfois il me semble que j'entends chanter leurs âmes dans les gazouillements des oiseaux du bosquet. Ma pauvre grand'-mère, c'est dans ces mêmes parages que lui arriva l'événement le plus douloureux de sa vie. Pour cela, je n'ai pas oublié la date; on était au mois de mai 1717, le 15, je crois, le czar Pierre Ier était venu se promener dans le jardin; il allait s'*amuser*, comme disent les *Mémoires de Dangeau*, à voir travailler au *pont tournant* que l'on construisait d'après les modèles d'un savant mécanicien, le frère augustin Nicolas Bourgeois, sur l'emplacement même où est la grille de la place de la Concorde; autour du prince moscovite se pressait une foule considérable, par laquelle la bonne femme et son fils, qui, suivant leur habitude journalière, se promenaient auprès du grand bassin, se trouvèrent tout à coup enveloppés et séparées l'un de l'autre. En vain ma grand'-mère cherche, appelle, s'enquiert d'une voix éplorée ; les curieux, tout préoccupés de la présence du czar, répondent à peine ; enfin la pauvre femme, désolée, est contrainte de rentrer seule chez elle, après quatre heures d'inutiles recherches dans tous les coins du jardin.

— Quel âge avait donc alors votre père ?

— C'est juste, j'ai oublié de vous le dire ; il pouvait avoir de quatre à cinq ans.

— Il ne sut donc pas parler ? dire son nom, son adresse ? Sa mère ne le fit donc pas réclamer ? Comment le retrouva-t-elle enfin ?

— Vous allez d'une vitesse avec vos questions... Attendez un peu. Ma grand'mère, douloureusement frappée par cet événement, fit une horrible et longue maladie dans laquelle elle faillit perdre la raison. A toutes les questions qu'on lui adressait au sujet de son fils, elle ne pouvait répondre que ces deux mots : « Le Russe ! le Russe ! »

Quand elle fut tout à fait rétablie, une année presque entière s'était écoulée depuis l'événement : la pauvre mère, veuve de son enfant, continua à verser des larmes, mais elle ne put espérer de faire des démarches utiles ; elle se borna à chercher des consolations dans la prière et dans les pratiques d'une austère piété. Cependant elle ne manqua pas un jour à venir, à son heure accoutumée, se promener ici, près de cette porte qui donne sur la place Louis XV, dans l'espoir que le hasard ou une secrète attraction amènerait l'enfant à l'endroit où il avait été perdu. Elle était bien sûre, disait-elle encore dix ans après, de le reconnaître tout de suite?

— Comment ! il se passa donc dix ans?

— Dix ans, je le crois bien, il se passa plus de trente années ! Et voyez combien est grande la présomption humaine, qui prétend ne pouvoir jamais être sourde à la voix du sang : ma grand'mère voyait son fils, causait avec lui presque tous les jours depuis plus de trois mois, lorsqu'un mot...

— Mais l'enfant, qu'était-il donc devenu?

— Prenez garde, si vous m'interrompez, de me faire perdre le fil de mes souvenirs. L'enfant, avait été, à ce qu'il paraît, poussé jusqu'au chantier de travail du *Pont-Tournant*, et était tombé dans une fosse assez profonde, où il s'était évanoui, sans que personne eût entendu ses cris ni remarqué sa chute. Blessé à la tête en tombant, il était resté là toute la nuit ; le lendemain matin, un ouvrier l'avait relevé, emporté chez lui, confié aux soins de sa femme, à qui il avait tenu lieu d'un fils mort peu de jours avant. La pauvre ouvrière l'avait soigné et adopté par tendresse; le mari s'en était bientôt fait un aide, en lui donnant une meule à tourner ; rien n'avait pu indiquer à qui appartenait l'enfant, il ne portait ni marques, ni médaillon, et le mouchoir qu'il avait dans sa poche, brodé aux initiales de sa mère, n'était pas un indice suffisant. D'ailleurs, ni l'ouvrier ni sa femme, n'auraient été aises de retrouver les parents de leur fils adoptif : le petit garçon, de son côté, avait bientôt pris en affection ces pauvres gens, la femme surtout, qui le consolait des taloches que le mari lui administrait quelquefois, et qui, par une sorte de respect de la naissance bourgeoise de l'enfant, lui faisait apprendre à lire en cachette. C'est ainsi que se passa l'enfance de mon père, qui, habitant avec ses parents adoptifs le faubourg Saint-Antoine, ne trouva guère le temps, vous le pensez bien, de venir faire des promenades aux Tuileries. A quatorze ans, il savait très-bien lire et écrire et passablement calculer ; il demanda à entrer comme apprenti chez un horloger de la rue Saint-Honoré, exprès, m'a-t-il dit depuis, pour se rapprocher du jardin des Tuileries qui lui rappelait de vagues souvenirs de sa première enfance. Alors il put y venir souvent... Mais je m'aperçois que j'allonge indéfiniment ce récit que je m'étais si bien promis d'abréger. Pardonnez-moi, et prenez patience. Devenu premier commis de son patron, mon père put s'acquitter envers ses parents adoptifs, en apportant ses modestes économies au pauvre ménage; mais bientôt la mort des deux braves gens le fit tout à fait orphelin. Laborieux et rangé, n'ayant pour toute distraction que ses promenades quotidiennes à la Petite-Provence et au Pont-Tournant, dont la vue lui faisait venir les larmes aux yeux, il avait atteint l'âge de trente-six ans et était sur le point de succéder à l'horloger qui l'employait, en épousant sa fille, lorsqu'il remarqua deux femmes dont les pas se dirigeaient souvent du même côté que les siens. L'une de ces deux femmes, âgée de cinquante et quelques années, paraissait être la mère de l'autre, dont le frais visage, la taille élégante quoique bien formée, annonçaient de vingt à vingt-cinq ans. Mon père trouva aisément un moyen d'entrer en relations avec ces deux dames; il put apprécier la bonté de la plus âgée, la douceur et l'esprit de la plus jeune; séduit par le charme de leur conversation, il renonça au mariage projeté, et annonça à la mère qu'il serait heureux d'obtenir la main de sa fille. La réponse qu'il reçut n'avait rien de décourageant; on parut surtout le voir avec faveur lorsqu'il eut parlé de sa situation de fortune et de ses idées pour l'avenir. Il y avait environ trois mois qu'on se voyait presque tous les jours et que la bonne femme acceptait le bras de l'horloger pour se promener soit dans l'allée des orangers, soit à la Petite-Provence, lorsqu'un soir d'automne, les trois habitués des Tuileries allèrent, tout en causant, jusqu'au Pont-Tournant. En se voyant si près de ce lieu, qui lui rappelait l'événement le plus marquant de sa vie, mon père eut un tressaillement; sa compagne y répondit par un mouvement de bras, et aussitôt elle porta son mouchoir à ses yeux. — Pardon, dit mon père, pardon, mesdames, n'allons pas par là, je vous en prie, la vue de ce pont me fait mal... et il ajouta d'une voix altérée: Elle me rappelle un fait dont j'aurais peut-être dû vous faire confidence depuis longtemps. — Hélas! pour moi aussi, c'est un bien triste souvenir, murmura la vieille femme en soupirant. — Mon Dieu! il fallait bien, tôt ou tard, en venir là. Sachez donc que le nom que je porte n'est pas le mien, c'est le nom de mon père et de ma mère adoptifs, pauvres ouvriers qui m'ont recueilli, à cet endroit même, dans le fossé du Pont-Tournant, où j'étais tombé sanglant et évanoui... Je n'avais guère que cinq ans, m'ont dit ceux qui m'ont trouvé. Consentirez-vous encore à accueillir le triste orphelin qui ne sait pas même son nom?

En écoutant les paroles de mon père, sa compagne avait pâli, et, quittant son bras, s'était prise à le regarder avec attendrissement. — Hélas! vous aussi, lui dit-elle, il vous est arrivé malheur ici! Il n'avait pas cinq ans non plus, le fils que j'ai perdu auprès de ce pont funeste, le jour où le czar de Russie attirait autour de lui toute cette maudite foule de curieux. — Le czar de Russie, dites-vous! s'écria mon père d'une voix émue. Mais c'est le lendemain de ce jour que je fus recueilli dans ce fossé, sur le bord duquel la foule m'avait poussé... Mes souvenirs me reviennent : une femme, un ange m'avait accompagné dans le jardin; elle m'y conduisait tous les jours! C'était ma mère.

A ces mots, la pauvre femme ferma les yeux et chancela. Mon père la soutint dans ses bras, et, appuyant les lèvres sur son front, lui imprima un baiser dans lequel s'exhalait toute son âme.

— Oh ! vous devez être ma mère, lui dit-il en pleurant à chaudes larmes, mon cœur bat trop fort !

Un sourire dans lequel rayonnait une joie angélique illumina les traits de la mère; ses yeux se rouvrirent ; elle prit à son tour son fils dans ses bras, et le garda pendant quelques minutes dans cette maternelle étreinte...

— Plus de doute, dit mon père aussitôt qu'il reprit le complet usage de sa raison, ce mouchoir brodé aux initiales F. M....

Et il tirait de la poche de sa veste un petit sachet qui contenait un mouchoir d'enfant.

— Oui, oh ! tu es mon fils ! Après trente et un ans, mon Dieu, merci !

C'était tout ce que l'excellente femme avait la force de dire.

Pendant ce temps-là, la jeune fille pleurait aussi en cherchant à dissimuler ses larmes aux curieux qui s'étaient attroupés autour de ce groupe attendri. Tout à coup mon père se tourna vers elle, vit ses larmes, et, paraissant faire un douloureux effort sur lui-même, s'écria :

— Et vous, ma sœur, c'était donc un amour de frère qui m'attirait vers vous?

Et il étendait son bras pour la confondre avec sa mère dans une même étreinte, lorsque celle-ci, comprenant ce qui se passait dans l'âme de son fils, l'arrêta par un mouvement de tête et par un sourire expressif dont elle compléta le sens par ces mots :

— Mais non, cher enfant, elle n'est pas ta sœur ; c'est ma nièce ; pendant vingt ans elle m'a servi de fille... et elle ne cessera pas d'être mon enfant, n'est-ce pas, Marie?

Et Marie se reprit à pleurer de plus belle, et voilà comment mon père épousa sa cousine un mois après avoir retrouvé sa mère!

Pendant cet entretien, le vieillard s'était singulièrement animé; il semblait rajeuni de vingt ans; mais je m'aperçus que l'émotion l'avait fatigué; je ne voulus pas abuser de sa complaisance, et je remis à un autre jour le récit de ses souvenirs personnels qu'il voulait entreprendre tout de suite.

Je n'écris pas les mémoires du vieux solitaire des Tuileries. Aussi me pardonnera-t-on, je l'espère, de ne pas raconter en détail la vie du bonhomme; elle ne m'inspira vraisemblablement beaucoup d'intérêt qu'en raison de la sympathie que j'éprouvais pour lui. Dernier fils issu du mariage de son père et de sa mère, il avait été le Benjamin de sa famille. Son éducation s'était faite, pour ainsi dire, tout entière dans le jardin des Tuileries. Devant les parterres, il avait appris un peu de botanique ; ses connaissances en histoire naturelle s'étaient bornées à l'étude des oiseaux familiers des bosquets, des poissons pacifiques des bassins; devant les statues, il s'était fait un certain sentiment des arts à lui particulier ; dans le contact et l'observation des promeneurs, il avait puisé des idées assez justes sur les passions, les faiblesses et les vilenies du cœur humain, qui lui constituaient une sorte de philosophie originale. Tout cela ne l'avait pas empêché d'apprendre tout juste ce qu'il fallait d'horlogerie pour succéder à son père et acquérir en peu d'années une aisance modeste. Cette médiocrité à peine argentée lui avait suffi. A l'âge de trente ans, c'est-à-dire à l'époque où commençaient à gronder les premiers foudres révolutionnaires, il s'était retiré des affaires et avait pour toujours renoncé à se marier. Voici comment et pourquoi il s'était trouvé voué au célibat.

— Les rencontres de princes ne nous ont pas porté bonheur dans notre famille, me disait-il un jour. Si vous me voyez regarder les jeunes femmes avec tant d'attention, c'est que j'ai bien aimé, moi aussi, quoi que je vous en aie dit ; c'est que, dans chaque joli visage féminin, il me semble retrouver quelque chose d'elle, d'elle que j'ai vue pour la dernière fois il y a soixante-dix ans ! Je suis bien fou, n'est-ce pas, pour un homme de mon âge ? Mais les folies du cœur sont si douces, qu'on y renonce difficilement ! Oui, j'ai aimé avec la passion la plus vive, la plus entière, la plus dévouée, une femme qui était à peu près du même âge que moi. Je n'ai pas besoin de vous dire que je la regardais comme un ange de bonté, comme une merveille de grâce ; qu'elle me paraissait la plus belle entre toutes les jolies ; vraisemblablement il en est toujours ainsi de la femme qu'on aime, et, comme dit le couplet d'Éliante dans le *Misanthrope*, au besoin on sait des défauts qu'elle peut avoir lui faire autant de qualités. Cependant je ne me dissimulais pas que mon amie était incessamment tourmentée du besoin, de la curiosité de plaire, et qu'il n'y avait pas de compliment, de regard d'admiration, si banal qu'il fût, qu'elle ne se montrât disposée à accueillir par un sourire de contentement et d'orgueil. Cette insatiable coquetterie me tourmentait beaucoup; je passais des jours et des nuits dans le doute et dans l'anxiété, tout en cherchant à dissimuler mes inquiétudes et ma jalousie. J'espérais que notre mariage, dont la célébration était ajournée par suite de contrariétés de famille, fixerait définitivement cet esprit si avide, si quêteur de louanges. Sophie venait tous les jours passer deux ou trois heures aux Tuileries, soit dans la journée, soit le soir, suivant la saison. C'était ici, dans l'allée des orangers, que je la retrouvais; nous faisions ensemble quelques tours de promenade; puis je la reconduisais chez elle à la butte des Moulins. Un jour, nous vîmes circuler dans les allées une foule inusitée. Sophie s'enquit de la cause de ce mouvement. On lui dit qu'on attendait le passage d'un prince du sang, d'un frère du roi. Bientôt, en effet, un nombreux cortége s'avança de notre côté. Mon amie me tira par le bras et m'entraîna malgré moi sur le passage de ce brillant groupe de gentilshommes. Au moment où le prince était devant nous, je ne sais quel obstacle vint arrêter sa marche; il fit une pause, détourna les yeux de notre côté, puis fit un signe à un des gentilshommes de sa suite, à qui il parut nous désigner en souriant. Il s'était à peine passé autant de temps qu'il en a fallu pour vous raconter ceci, que déjà princes, gentilshommes et domestiques avaient disparu et entraient au château. Je ne remarquai qu'une chose, c'est que ce jour-là Sophie avait le teint plus coloré, l'œil plus brillant, l'esprit plus vif et plus gai que de coutume. Le lendemain, ce fut vainement que je cherchai mon amie à notre rendez-vous habituel; j'attendis une demi-heure avec une grande impatience; enfin je me décidai à aller chez elle. Là j'appris qu'elle était partie dans une voiture hermétiquement fermée, en compagnie de deux hommes; elle avait emporté avec elle ses bijoux et quelques-uns des petits meubles auxquels elle tenait le plus. Elle n'avait point parlé de l'heure de son retour. Je fus en proie d'abord à un morne désespoir. Toute la vérité m'apparut aussitôt. Cependant mon lâche cœur chercha encore à trouver des motifs de consolation, d'espérance. Je parcourus son petit appartement, sa chambre à coucher. J'y trouvai sur sa table de toilette le bouquet que je lui avais donné la veille. La vue de ce bouquet me fit pleurer! Tout était donc bien fini; elle n'avait voulu emporter aucun souvenir de moi... pas même mes lettres, que je trouvais toutes... Hélas! pourtant je ne pus me résigner à renoncer définitivement à elle. Il me semblait à chaque instant que j'allais la revoir. Bien souvent j'ai cru reconnaître de loin sa démarche, entendre le son de sa voix; ce n'était que l'effet de ces hallucinations du cœur auxquelles sont sujets les hommes qui ont aimé passionnément. Jamais je ne la retrouvai, jamais je n'entendis parler d'elle. Avec quelle ivresse je me serais jeté à ses pieds! comme je lui aurais pardonné!... Cela s'était passé en 1787. Quelques mois après, me sentant incapable de continuer les affaires, je vendais mon petit établissement, et je devenais le solitaire du jardin des Tuileries.

— Vous avez dû voir passer devant vos yeux bien des choses curieuses, de grands événements historiques, des physionomies originales, des échantillons des diverses sociétés qui se sont succédé à Paris depuis soixante ans ? car toute l'histoire, l'histoire des mœurs surtout, a passé par ici et fait des haltes dans ce jardin.

— Assurément ; il n'y a pas une révolution dans les idées, dans les usages, dans le costume, dans les modes, et surtout dans l'arrangement de mon jardin, qui ne m'ait eu pour témoin. Non-seulement j'ai vu croître, grandir la plupart de ces arbres, depuis les tilleuls maladifs de la terrasse des Feuillants jusqu'au vigoureux marronnier du 20 mars, dont la précocité proverbiale se rattache à une anecdote aussi connue que peu véritable; non-seulement j'ai vu placer, déplacer, mutiler, réparer, nettoyer presque tous ces groupes et ces statues en marbre et en bronze, la *Victoire* et *Mercure*, de Coysevox; les quatre Fleuves qui avoisinent le bassin ouest, les neuf médiocres Muses campées sur les deux terrasses, le *Scipion l'Africain*, les deux *Termes*, la *Flore*, la *Vertumne*, le groupe de *Silène et Bacchus*, l'*Annibal punique* de Sébastien Stolldz, la *Cérès*, la *Vénus silencieuse*, le *Bacchus*, qui bordent la lisière des bosquets; le *Sanglier d'Erymanthe*, le groupe des *Lutteurs*, le *Centaure prisonnier de l'Amour*, *Castor et Pollux*, les *Dioscures*, l'*Apollon poursuivant Daphné*, placés sous les arbres des massifs; le groupe d'*Enée* et d'*Anchise*, l'*Aricie*, la *Cæcina Pætus*, l'*Enlèvement de Cybèle* et l'*Enlèvement d'Orythie*, et la *Phaéthuse* de Théodon, qui font cercle autour du bassin du milieu; j'ai vu s'installer à l'entrée de cette large allée des Parterres, l'allée favorite des enfants, le *Thésée abattant le Mi-*

notaure, de Ramey, et le *Prométhée enchaîné*, de Pradier ; à l'autre extrémité, au bas de la terrasse du bord de l'eau, ce grand et immortel chef-d'œuvre de Cortot, le *Soldat spartiate*, qui fait trouver encore plus insignifiant l'*Alexandre combattant*, de Nanteuil, posé en regard. J'ai vu retirer de sa niche, où elle était si convenablement encadrée, la *Cléopâtre* en bronze, imitée de l'antique, qui surmonte maintenant la terrasse; j'ai vu se dresser près de la grille du pont Royal les deux admirables lions en bronze de Barye; j'ai vu s'aligner vis-à-vis le château, et en regard des délicieuses sculptures de Coysevox, le *Joueur de flûte*, l'*Hamadryade* et la *Flore;* des élégantes compositions de Coustou, le *Chasseur au repos* et les *Nymphes;* de la *Vénus* et du *Rémouleur*, fondus d'après l'antique; de la *Vénus pudique*, du *Laocoon*, de l'*Antinoüs*, de la *Diane* et de l'*Apollon*, qui surgissent au milieu du parterre réservé; j'ai vu, dis-je, s'aligner les huit statues modernes parmi lesquelles on distingue surtout le *Philopœmen*, un peu trop vrai et trop décharné, de David, et le *Spartacus*, un peu trop gros, de Foyatier, qui eut la singulière fortune d'achever cette figure le 27 juillet 1830. Les autres, si ce n'est le *Caton d'Utique*, de Roman, achevé par Rude, et le *Phidias*, de Pradier, méritent à peine d'être signalés; pas plus le *Thémistocle* que le *Laboureur*, le *Cincinnatus* que le *Périclès;* je ne dis rien non plus du *Méléagre*, imité de l'antique, et de l'*Hercule Commode* en bronze, situés aux deux extrémités de l'allée des Orangers, dont le placement n'a point fait événement pour moi. Non-seulement j'ai vu finir, gratter, inaugurer la plupart de ces êtres matériels, mais dont quelques-uns vivent de la vie de l'art; non-seulement j'ai vu construire les terrasses, régulariser les parterres, comme vous avez pu voir vous-même élever l'Orangerie, qui nous gâte maintenant l'angle sud-ouest de notre jardin; non-seulement j'ai vu se modifier, se transformer, se développer la population végétale des bosquets et des carrés, les plants de légumes remplacer les roses et les chèvrefeuilles, et *vice versâ*, comme les dynasties ont remplacé les dynasties dans l'intérieur du château, les grands marronniers se parer plus de soixante-quinze fois de leurs fières et élégantes aigrettes, emblèmes de l'aristocratie, dont ce lieu de promenade fit si longtemps les délices, mais encore j'ai vu les générations d'hommes passer et se succéder ici, et changer d'année en année leur manière d'être extérieure, pendant que le fond restait toujours le même.

— Oui, le jardin des Tuileries a été pendant longtemps, dit-on, le rendez-vous de la société élégante qui donnait le ton.

— Sans doute : c'est ici qu'on a vu naître et mourir tous les ridicules que la société dont vous parlez a adoptés depuis soixante-dix ans, sous prétexte de parure. Ici l'on a vu les premiers fracs anglais dont l'importation, suivant le vieux duc de Lauraguais, a porté un coup mortel à la noblesse française ; ici ont paru les premières *roquelaures* et les *houppelandes*, les habits *écarlates*, *sang de bœuf*, couleur *suie des cheminées de Londres*, qu'on mettait avec des culottes *soufre*, ou couleur *queue de serin*, et des bas blancs rayés de bleu : ici les gilets à sujets, tirés de *Richard Cœur-de-Lion*, du *Mariage de Figaro*, de tout le répertoire de la Comédie-Française, comme la fameuse collection de M. de la Reynière, de même qu'aujourd'hui l'on fait des mouchoirs théâtre de la guerre et des gilets à zodiaque et à cadran de pendule. Un peu plus tard, les culottes *gantées* juste, dans le genre de celle du ci-devant jeune homme, qu'on laissait pour compte au tailleur si l'on pouvait y entrer ; ici encore les merveilleux et les élèves de l'école de Mars en 1793, qui font bientôt place aux incroyables coiffés en oreilles de chien ; puis les habits à grands collets et les gourdins dont le César des *Rendez-vous bourgeois* offre un magnifique échantillon. Plus tard, après la Restauration, les redingotes à brandebourgs, les éperons soleil, les chapeaux à la Bolivar, les blouses gauloises, les carricks, les manches à gigot, les sous-pieds, et enfin le paletot, que le talma essaye en vain de détrôner. Et les femmes ! Les modes de femmes dont le jardin des Tuileries a vu l'instauration, la vogue et la décadence, fourniraient tout un long chapitre de l'histoire des mœurs à la fin du dix-huitième et pendant la première moitié du dix-neuvième siècle. Que n'ont-elles pas inventé d'extravagant et de grotesque, depuis les coiffures en légumes, les chapeaux à la *Tarare* et à bateau renversé, les chinoises, les bonnettes, les marinières, les grands bords des merveilleuses, les robes collantes soi-disant à la Grecque, jusqu'aux toques, aux manches à gigot, aux bibis et aux jupes de crinoline, sans que pour cela elles aient rien perdu de leur charme à mes yeux? Il en est d'elles comme de la rose que nos horticulteurs ont tant cherché à dénaturer, sous prétexte de la varier et de la perfectionner; ils ont eu beau tourmenter sa forme, pâlir ou foncer sa couleur, elle a toujours gardé la suavité de son parfum. Vous souriez, jeune homme, vous me trouvez bien anacréontique pour un homme d'un siècle; si je suis encore ainsi, voyez-vous, c'est que j'ai toujours gardé jeune au fond de mon cœur le souvenir de la femme qui a eu toute ma tendresse; c'est elle, ma Sophie, que j'aime dans toutes les autres femmes. Souvent celles dont je m'approche, à qui j'adresse la parole à l'heure où les promeneuses solitaires, entre dix et onze heures du matin, entre cinq et six heures du soir, semblent faire œuvre de Satans mignons, *quærentes quem devorent*, cherchant quelque chose ou quelqu'un à dévorer; souvent celles-là me sourient, me prenant pour ce que je ne suis pas, et, quand je leur ai dit ce qui me plaît en elles, je me vois traité de vieux fou! Douce folie dont je ne souffre point, et à qui je dois parfois de charmants quarts d'heure d'illusion. Comme je les connais toutes, ces aimables visiteuses de mon jardin, depuis la jeune fille timide qui fait ici sa première rencontre, jusqu'à la dame en falbalas qui cherche moins le mystère que l'occasion; depuis la discrète beauté dont tout le bonheur consistera, pendant une promenade de deux heures, en quelques regards dérobés d'un œil aimé et amoureux, jusqu'à la petite bourgeoise laborieuse pour qui le repos sous les grands marronniers est un prétexte à broderies...

Tout à coup il changea de sujet. Nous étions arrivés près du parterre grillé qui est voisin de l'arbre du 20 mars.

— Tenez, dit le vieillard en me montrant la corbeille de rhododendrons qui fleurit à l'extrémité de ce parterre, voilà l'idée qui me tourmente : je voudrais être sûr de pouvoir me faire enterrer sous ces fleurs; il me semble que mon âme continuerait à errer parmi ces arbres, à travers ces allées, parmi ces femmes en qui je revois toujours Sophie. Je donnerais toute ma petite fortune pour obtenir cette faveur!

Y a-t-il, en effet, un grain de folie dans le cerveau du vieux solitaire des Tuileries?

FIN.

Pour paraître très-prochainement

LES CONFESSIONS
DE
MARION DELORME

PAR

EUGÈNE DE MIRECOURT

Conditions de la Souscription :

Les *Confessions de Marion Delorme*, par Eugène de Mirecourt, formeront 2 volumes grand in-8° jésus.

20 gravures sur *acier* et sur *bois*, tirées à part, dessinées et gravées par les meilleurs artistes, illustreront cet ouvrage, qui sera publié en 60 livraisons à 25 cent.

Chaque livraison contiendra invariablement 16 pages de texte. Les gravures seront données en sus.

Une ou deux livraisons par semaine.

L'ouvrage complet, 15 francs.

PARIS. — TYP. SIMON RAÇON ET Cie, RUE D'ERFURTH, 1.

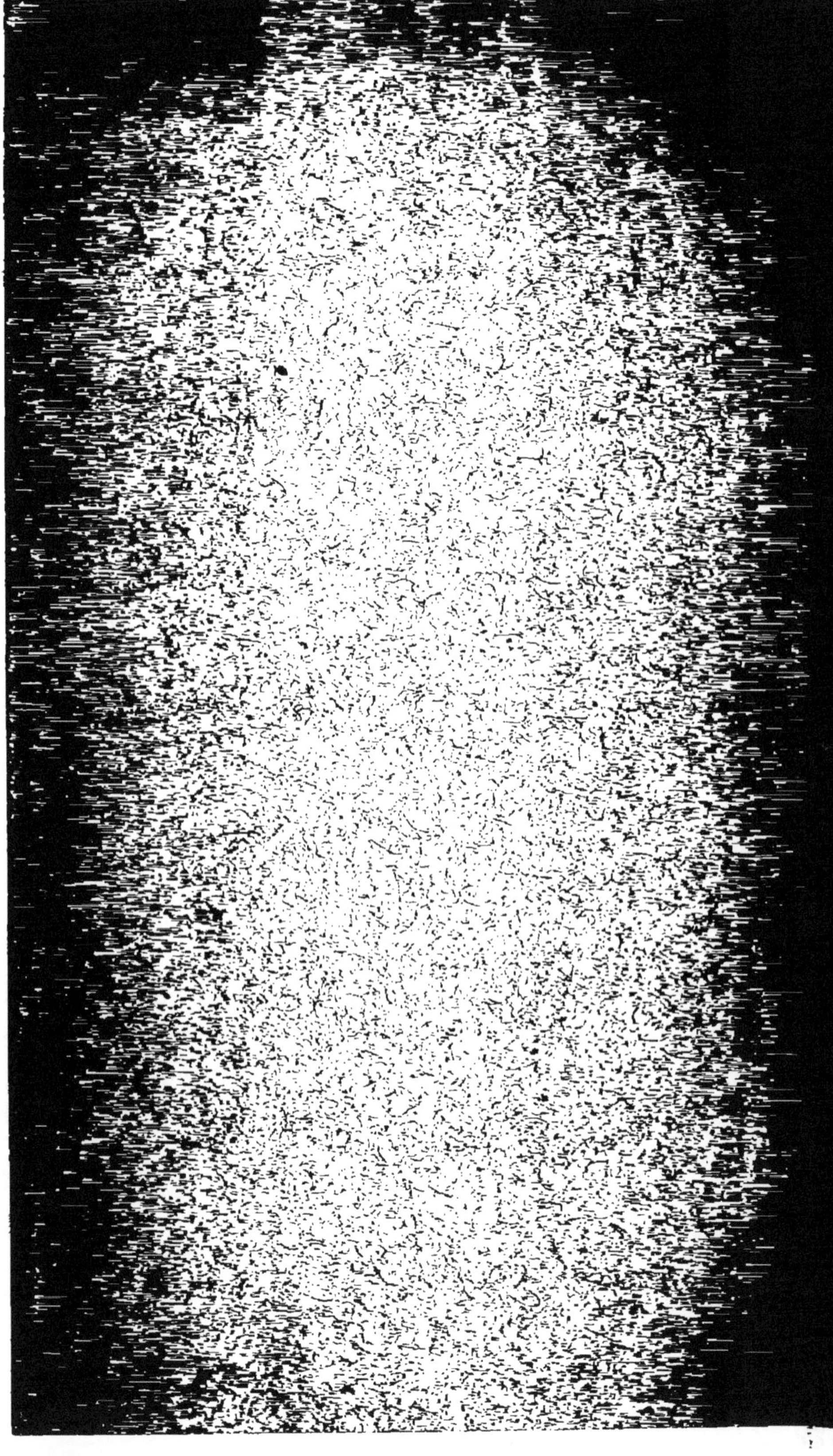

BIBLIOTHEQUE NATIONALE DE FRANCE
3 7531 04272676 1

www.ingramcontent.com/pod-product-compliance
Ingram Content Group UK Ltd.
Pitfield, Milton Keynes, MK11 3LW, UK
UKHW021232230726
13926UKWH00003B/1387

9 782014 441611